Comprendre et Accompagner
L'ENFANT AUTISTE
101 suggestions

Jocelyne Pouliot

Auteure : Jocelyne Pouliot
Site Internet : www.jesuiscapable.ca
Pour commentaires et suggestions:
jopouliot@globetrotter.net

ISBN 978-2-9813947-6-7

Édition originale : mai 2014
Comprendre et Accompagner L'ENFANT AUTISTE – **101 suggestions (2 ans +)**

Tous les droits de traduction, d'édition, d'impression, de représentation et d'adaptation, en totalité ou en partie, réservés pour tous les pays. La reproduction d'un extrait quelconque de cet ouvrage, par quelque procédé que ce soit, tant électronique que mécanique, notamment par photocopie ou par microfilm, est strictement interdite sans l'autorisation écrite de l'auteure.

TABLE DES MATIÈRES

I- INTRODUCTION

II- LE TROUBLE DU SPECTRE AUTISTIQUE (TSA) : 2 ans +
   A- Définitions
   B- Au 21e siècle
   C- Les premiers stades : naissance - préscolaire - primaire
   D- La « bonne nouvelle »

III- COMPRENDRE L'ENFANT AUTISTE
   A- Les signes et symptômes
   B- « Une journée ordinaire dans la vie d'un enfant autiste »

IV- ACCOMPAGNER L'ENFANT AUTISTE
   A- Interventions essentielles dès l'âge de 2 ans
   B- Domaines d'interventions pouvant faciliter l'entrée en milieu de garde et scolaire:

      1- Le JEU au cœur des apprentissages
      2- L'intégration sensorielle
      3- L'alimentation et la digestion
      4- L'entraînement à la propreté
      5- La sieste et le sommeil
      6- Le comportement
      7- La communication et le langage
      8- Les habiletés sociales
      9- Le rôle des divers accompagnateurs

V- CONCLUSION

BIBLIOGRAPHIE

PUBLICATIONS par l'auteure Jocelyne Pouliot

I- **INTRODUCTION**

Ce petit guide s'adresse aux intervenants qui sont plus ou moins familiers avec le trouble du spectre autistique (TSA) chez l'enfant et qui sont, soit en attente de soins spécialisés, soit en attente d'une formation sur le TSA. Parmi ces intervenants, nous ciblons les parents, les grands-parents, les éducateurs, les enseignants du préscolaire/primaire, les travailleurs sociaux de même que les bénévoles souhaitant offrir du répit aux parents à la maison ou dans des centres spécialisés.

Selon les nombreuses recherches, tous les enfants autistes sont capables de faire des progrès importants grâce à des « interventions précoces et intensives ». Cependant, le manque de connaissances et de stratégies devient un obstacle important pour faire disparaître ou diminuer plusieurs des symptômes que présente l'enfant autiste. Pourtant, il a été prouvé, à maintes reprises, que c'est possible si on commence à y travailler très tôt, dès que l'enfant atteint l'âge de 2 ans.

Mon objectif principal est de communiquer à tous ces intervenants des « connaissances de base » ainsi que des « stratégies efficaces » pouvant les aider à mieux **comprendre** et **accompagner** l'enfant autiste tout au long de ses nombreux apprentissages.

Ce guide ne constitue pas une étude exhaustive du trouble du spectre autistique (TSA). Il n'est pas question, non plus, de vous suggérer une approche thérapeutique plutôt qu'une autre. Les parents et les spécialistes du domaine prendront toutes les décisions nécessaires à ce sujet.

Cependant, à titre d'accompagnateur, il vous faudra être à l'écoute des parents qui ont, soit reçu un diagnostic d'un TSA, soit sont en attente d'évaluations et de soins spécialisés. Parmi les spécialistes qui pourront guider les parents et les intervenants des milieux préscolaire et scolaire, nous retrouvons : le pédiatre, le neurologue, le pédopsychiatre, le neuropédiatre, le psychoéducateur, l'ergothérapeute, l'orthophoniste et le physiothérapeute.

D'après les études, le **trouble du spectre autistique (TSA)** peut se manifester de diverses façons : l'autisme, le syndrome d'Asperger, le syndrome de Rett et divers autres troubles envahissants du développement (TED). Ces troubles neurologiques affectent principalement **les habiletés sociales, la communication et le comportement**. Les signes et la sévérité des symptômes varient d'un enfant à l'autre.

L'autisme n'est donc pas une « maladie », mais bien un « trouble neurologique ». L'enfant qui en est atteint doit apprendre, jour après jour, à mettre de l'ordre dans ce désordre.

Cependant, il faudra distinguer entre l'autiste de **« bas niveau »** et l'autiste de **« haut niveau »**. L'autiste de bas niveau est habituellement non verbal et présente de nombreux problèmes neurologiques et comportementaux en plus d'un retard intellectuel très important. Tandis que l'autiste de haut niveau peut apprendre à parler et à fonctionner comme ses pairs, mais en demeurant déficitaire au niveau d'habiletés telles que les relations sociales et la compréhension du langage non verbal et abstrait.

Votre rôle consiste donc à être très attentif au développement et au comportement de l'enfant autiste et à le soutenir en utilisant des stratégies qui lui permettront de découvrir ses forces, ses compétences et ses talents. Ainsi, cet enfant pourra grandir, vivre ses succès et devenir, malgré tout, un adulte heureux dans la vie.

Les **stratégies simples et efficaces** qui vous sont proposées touchent à 10 domaines : **le JEU au cœur des apprentissages, l'intégration sensorielle, l'alimentation et la digestion, l'entraînement à la propreté, la sieste et le sommeil, le comportement, la communication et le langage, les habiletés sociales et le rôle des divers accompagnateurs.**

Ainsi, grâce à vos connaissances et à ces notions de base, vous permettrez à cet enfant, ayant reçu un diagnostic d'autisme ou en attente d'une confirmation, de progresser à son rythme, tout en gérant plus facilement l'anxiété, la frustration, la colère et parfois la rage qui l'habitent. Lorsque l'enfant autiste fera une véritable crise de colère, vous comprendrez mieux les raisons derrière son comportement et serez désormais outillés pour faire face à la « tempête » qui ébranle tout son être.

II- **LE TROUBLE DU SPECTRE AUTISTIQUE**

A-Définitions :
« L'autisme est un trouble envahissant du développement qui affecte les fonctions cérébrales. Il n'est plus considéré comme une affection psychologique ni comme une maladie psychiatrique. » (Vaincre l'autisme.org/ 2014)

« Le trouble du spectre autistique (TSA) » : L'autisme, le syndrome d'asperger, le trouble envahissant du développement non spécifié sont regroupés sous le vocable trouble du spectre autistique (TSA). Les personnes ayant un TSA présentent des caractéristiques qui leur sont propres, parmi lesquelles on observe :

- une altération qualitative des interactions sociales
- une altération qualitative de la communication
- un caractère restreint, répétitif et stéréotypé des comportements, des intérêts
- et des activités. » (Autisme Québec, 2014)

B-Au 21e siècle : Selon les CDC (Centers for Disease Control and Prevention, USA), en mars 2014, **1 enfant américain sur 68** serait atteint d'un trouble du spectre autistique (TSA). Ceci représente une augmentation de plus de 30% depuis 2012. Les spécialistes estiment que ce trouble neurologique continue d'affecter quatre fois plus de garçons que de filles (1 garçon sur 42 contre 1 fille sur 189). Cependant, selon le psychologue de renommée internationale, Tony Attwood, il semblerait que les filles soient plus difficiles à détecter parce que leurs traits autistiques sont souvent moins prononcés et leur comportement plus « sage » et moins dérangeant que les garçons.

L'étude scientifique des CDC, qui cible tous les enfants de 8 ans dans onze États américains, souligne qu'il y a plus de cas de TSA chez les personnes de race blanche que de toute autre race. Aussi, la plus importante augmentation a été constatée, chez les autistes de moyen et de haut niveau, sur le plan des habiletés intellectuelles.

Une situation qui n'a pas changé d'après les données est le fait que les enfants sont diagnostiqués encore trop tard. En moyenne, c'est vers 4 ou 5 ans que l'enfant commence à recevoir des soins spécialisés alors que toutes les familles en souhaiteraient dès l'âge de 2 ans. Aussi, les médecins et les spécialistes s'entendent pour dire que plus tôt nous identifions et traitons ces enfants, meilleures sont les chances de surmonter leurs difficultés académiques et sociales. Cette organisation (CDC) recommande donc que les enfants en bas âge soient examinés pour tout « retard de développement » à des intervalles réguliers : ex. à l'âge de 9 mois, 18 mois, 24 mois, etc.

Les chercheurs ajoutent : « Nous avons besoin de continuer nos efforts pour informer le milieu médical et le public en général afin de reconnaître les problèmes de développement associés au trouble du spectre autistique (TSA). Ainsi, nous pourrons cibler les interventions, éviter les mauvaises habitudes et permettre aux familles de savoir ce qui ne va pas avec l'enfant. » (Voir le lien des CDC dans Bibliographie)

Les pays qui font face à des statistiques semblables doivent avoir un plan, une stratégie gouvernementale pour répondre à ces données dès plus inquiétantes. De nos jours, il n'y a pas suffisamment de professionnels spécialisés pour faire face à cette situation alarmante. Aussi, il ne faut pas oublier les programmes d'assurances qui couvrent rarement tous les soins nécessaires à la prise en charge d'un enfant autiste.

Enfin, même si nous ne connaissons pas encore la cause génétique, environnementale ou autre, ni le traitement curatif de ce trouble, il existe actuellement des méthodes d'encadrement ou des mesures d'accompagnement pouvant diminuer, compenser et mieux gérer les symptômes, et ce, tout en offrant de l'espoir et une meilleure qualité de vie à l'enfant et à son entourage.

Alors, à titre d'accompagnateurs, mettons-nous au boulot! Nous pouvons, par des interventions précoces et intensives, faire une grande différence dans la vie de cet enfant et de sa famille.

C-Les 3 premiers stades : naissance - préscolaire - primaire

Naissance : Certains signes du trouble du spectre autistique (TSA) peuvent apparaître dès les premiers mois de vie d'un enfant, selon la récente étude américaine publiée par le Marcus Autism Center d'Atlanta (6 novembre 2013, CNN). Le tout premier signe serait la diminution progressive du contact visuel de l'enfant avec ses parents, et ce, à partir du 2e ou 3e mois. La famille pourra aussi remarquer une absence de sourires et de jeux vocaux. Ces tout premiers signes deviendront éventuellement la source de nombreux défis reliés aux relations sociales, à la communication et au comportement.

Préscolaire : Dès l'âge de 16 mois, les signes et symptômes d'un trouble du spectre autistique (TSA) deviennent de plus en plus apparents. Par exemple, les rituels de jeux de l'enfant autiste sont très différents de ceux de ses pairs. Il préfère jouer seul, en ignorant son entourage, plutôt que de se joindre à un pair ou à un groupe. On notera aussi que l'interaction est plus facile avec un adulte qu'avec un autre enfant. Il aura besoin d'être guidé et encouragé pour mieux développer ses habiletés sociales déficitaires.

Souvent, l'enfant autiste collectionnera les jouets ou les objets pour les aligner, les compter ou les organiser à sa manière au lieu de jouer avec eux. Du côté comportemental, nous le verrons agir de façon bizarre : de nombreux gestes répétitifs, des comportements maladroits, des crises inattendues de même qu'un niveau d'agressivité souvent élevé.

Primaire : À cet âge, les problèmes sociaux chez l'enfant autiste deviendront de plus en plus prononcés. Que ce soit à l'intérieur ou à l'extérieur, il continuera de s'isoler et d'éviter les contacts ou interactions sociales. On pourra remarquer un comportement immature, bruyant et dérangeant ou encore, à l'autre extrême, un comportement plus timide, plus passif et plus en retrait que la moyenne, ce qui conduira régulièrement au « rejet » par les autres enfants.

Il serait souhaitable de communiquer, aussitôt que possible au reste du groupe, un minimum d'informations sur la nature de ce « désordre neurologique » et d'inviter ses pairs à démontrer de l'empathie envers ce jeune qui a ses limites, mais aussi des forces et talents à découvrir. Malgré tous ces efforts, l'enfant autiste comprendra, avec le temps, qu'il est « différent » des autres sans trop savoir pourquoi.

D-LA BONNE NOUVELLE : Selon les nombreuses recherches sur l'autisme, nous notons que les **jeunes adultes**, vivant avec un trouble du spectre autistique (TSA), lorsque comparés à leurs pairs :

1. arrivent eux aussi à terminer leur secondaire
2. se trouvent également de l'emploi
3. ne jugent personne autour d'eux
4. ne mentent pas, ne trichent pas, ne volent pas
5. n'intimident jamais leurs pairs
6. ont beaucoup moins de problèmes d'alcool ou de drogues
7. ont beaucoup moins de problèmes légaux

De plus, **sur le marché du travail,** la personne autiste, de moyen à haut niveau, a beaucoup à offrir à son employeur. Par exemple :

- une concentration accrue
- une mémoire précise des faits en plus d'une mémoire photographique
- de l'honnêteté
- un style de conversation direct
- une habileté à trouver les erreurs (classement, codes informatiques, etc.)
- un souci du détail et de l'ensemble (perfectionniste)

Selon Marie Josée Cordeau, une adulte Asperger (blogueuse et conférencière) : « Les difficultés sociales sont plus souvent à l'origine des problèmes d'intégration professionnelle que les problèmes intellectuels. Les défis sensoriels représentent aussi une problématique rencontrée en milieu de travail : ex. les néons, les salles bruyantes à aire ouverte, les interactions sociales (en personne ou au téléphone) sont autant de situations qui demanderaient souvent des accommodements raisonnables et un milieu adapté, comme pour les personnes handicapées. »

Alors, si son entourage le soutient adéquatement, l'enfant autiste pourra se démarquer des autres jeunes dans plusieurs domaines : musical, artistique, intellectuel, scientifique, technologique, etc. Voici des autistes célèbres qui ont marqué l'Histoire : Wolfgang Amadeus Mozart, Vincent Van Gogh, Albert Einstein, Thomas Edison, Alexander Graham Bell, Bobby Fisher, Andy Warhol et bien d'autres.

Donc, pouvez-vous regarder au-delà des limites de cet enfant « unique » et l'aider à découvrir et à développer ses forces, ses talents et ses passions? Ce sera la meilleure façon de lui redonner l'estime de soi qu'il a perdue graduellement au cours de sa petite enfance.

III- **COMPRENDRE L'ENFANT AUTISTE**

Pour certains parents, dès les premiers mois, ils remarqueront que quelque chose n'est pas tout à fait normal chez leur enfant. Pour d'autres, ce sera entre 18 et 24 mois que les signes deviendront de plus en plus apparents. Les parents sont toujours les premiers à détecter les signes avant-coureurs d'un trouble du spectre autistique (TSA). Cependant, ces signes peuvent varier en intensité d'un enfant à l'autre.

Au cours de cette importante période, la présence ou l'absence de certains comportements peuvent attirer l'attention des parents et autre personne de son entourage. Selon le Dr N. Poirier et C. Kozminski (2009), voici les premiers signes à surveiller dès la naissance d'un enfant : « regard fuyant, absence de sourires et d'expressions, isolement, jeux répétitifs, maniérismes, crises de colère incohérentes ou passivité extrême ». Si plusieurs de ces comportements sont présents, il faudra alors consulter un pédiatre afin d'obtenir une première évaluation menant à la recherche de soins spécialisés.

Encore une fois, l'attente ou l'absence d'un diagnostic et d'évaluations retarde la mise en place d'interventions précoces et intensives auprès de cet enfant. Plus vite l'enfant autiste sera pris en charge (à partir de 2 ans), meilleures seront les chances d'améliorer sa capacité de communiquer, d'entrer en relation avec les autres et de développer ses champs d'intérêt. Une fois le diagnostic établi, des méthodes d'encadrement ou des mesures d'accompagnement seront suggérées aux parents et aux autres intervenants des milieux de garde et scolaire.

Pour vous guider dans vos interventions tout au long du processus menant au diagnostic, voici, selon les nombreuses études, les principaux signes et symptômes que nous pouvons retrouver chez le jeune enfant autiste.

A-Les signes et symptômes de l'enfant autiste (TSA) : au niveau des habiletés sociales, langagières et comportementales

Les habiletés sociales
- Incapacité à interagir socialement et à établir des liens affectifs
- Indifférence au contact de l'entourage
- Absence de sourires et de réactions en présence des autres
- Difficulté à comprendre l'expression du visage ou du langage corporel
- Absence de réactions lorsqu'il entend son nom
- Préférence pour le jeu solitaire et le retrait
- Évitement de contacts physiques : câlins, se faire prendre ou bercer
- Intérêt plus prononcé pour les objets que pour le visage des gens
- Incapacité à participer aux jeux de rôles (faire semblant)
- Activités et intérêts restreints : blocs, voitures, avions, ballons, etc.
- Difficulté à décoder et à exprimer les émotions : tristesse, joie, fierté
- Apprentissages irréguliers : apprend une journée et oublie le lendemain

La communication et le langage
- Absence de babillage vers 12 mois
- Aucun mot vers 16 mois
- Absence de phrases de 2 mots vers 24 mois (papa + parti)
- Retard de langage : après 2 ans
- Expressions gestuelles déficitaires : saluer de la main, pointer du doigt
- Absence de réactions aux sourires et jeux vocaux de l'environnement
- Incapacité à reconnaître son nom et celui des autres
- Absence de contact avec un interlocuteur
- Incapacité à amorcer et à soutenir une conversation
- Difficulté à comprendre et à utiliser les codes sociaux : saluer, remercier, s'excuser, demander de l'aide, faire un commentaire ou un compliment
- Perte de langage ou d'habiletés sociales déjà acquises
- Répétition mot à mot de messages entendus : comptines, chansons, émissions de télévision, annonces publicitaires (excellente mémoire auditive)

Le comportement
- Hypersensibilité à l'égard des sons, lumières, odeurs, textures et aliments
- Mouvements répétitifs du corps : tourner sur soi-même, se bercer, agiter les doigts ou les mains, taper des mains ou bouger continuellement
- Gestes répétitifs avec les jouets : les aligner, les compter, les faire tourner, ouvrir et fermer les parties
- Fascination pour certains jouets (couleur, forme, texture), non pas pour leur fonction
- Incapacité à partager des jeux et des jouets avec les autres
- Intérêt inhabituel pour certaines choses : interrupteurs, portes, roues, hélices
- Dépendance excessive à des routines ou rituels lors d'activités : heure des repas, rangement d'objets, propreté (sinon, crises de colère)
- Réactions excessives lors des périodes de transition :

changement d'activités, collation, sieste, sortie
- Peurs souvent incontrôlables devant l'inconnu : endroits publics, rendez-vous médicaux ou autres
- Gestes agressifs dirigés contre soi et/ou autrui
- Insensibilité à la douleur physique : trébuche et tombe sans réagir
- Autres retards de développement vers 30 mois : manger, marcher, courir

B-« Une journée ordinaire dans la vie d'un enfant autiste »

Il n'y a pas très longtemps, en accompagnant des jeunes en difficulté qui entraient à la maternelle, nous pouvions constater, malgré le manque de formations et d'outils d'intervention, le grand nombre de problèmes qu'ils pourraient vivre tout au long de leur cheminement scolaire.

Les spécialistes de ce milieu nous parlaient alors de « troubles d'opposition » ou de « troubles d'apprentissage ». Si nous voulions un diagnostic plus précis, l'école devait approcher, avec la permission des parents, un des spécialistes de l'extérieur aux listes d'attente beaucoup trop longues. Ces derniers encore peu nombreux et aux frais très élevés constituaient, par leur attente, un véritable obstacle à la prise en charge et au succès de l'enfant autiste (TSA).

Aujourd'hui, en revoyant les divers signes et symptômes de cet enfant (se bercer, faire dans sa petite culotte, ne pas avoir d'amis, détester les périodes de transition et faire des crises intenses), il est évident que nous étions et sommes encore mal outillés pour faire face à cette situation alarmante. De plus, les services spécialisés offerts au primaire n'arrivent qu'à très petites doses. Que pouvons-nous faire pour changer cette situation tout à fait inacceptable?

Si vous voulez un aperçu du stress quotidien que vit un jeune autiste (TSA) qui vient de faire son entrée à l'école, voici un exemple du déroulement d'une « journée ordinaire »* découlant de mon expérience au préscolaire et de mes contacts avec les parents. Vous constaterez que l'anxiété et l'angoisse sont omniprésentes du matin au soir pour cet enfant.

Le matin :
1. J'hésite beaucoup lors de l'habillage ce qui peut provoquer des retards. L'agencement des couleurs et des textures n'est pas facile pour moi.
2. J'ai de la difficulté à faire des choix d'accessoires : ex. chaussettes, souliers, casquettes, pinces à cheveux ou élastiques décoratifs.
3. Je suis plutôt maladroit quand je me coiffe. J'ai souvent besoin d'aide.
4. J'oublie régulièrement de saluer, au départ et au retour, les membres de ma famille, mes camarades, mon éducatrice ou mon enseignante.
5. Je me sens incapable de sourire naturellement aux gens qui me côtoient.
6. J'ai besoin qu'on me rappelle à l'aide d'images les règles à suivre, sinon tout se mêle dans ma tête lorsque les consignes sont uniquement verbales.
7. Je ressens énormément d'incompréhension devant les attentes de tous : ex. laisser une activité que j'adore pour aller me laver les mains ou prendre mon rang.
8. Je me sens incapable d'entrer en communication avec les autres. J'ai besoin qu'on m'enseigne les bonnes formules pour arriver à communiquer autant avec les petits qu'avec les grands.
9. Je m'isole lors d'activités de groupe à l'intérieur comme à l'extérieur. Les enfants qui crient et qui s'agitent autour de moi, sans que je comprenne les règlements de l'activité en cours, font monter mon niveau d'anxiété au plus haut point.
10. Je ressens un véritable malaise à regarder droit dans les yeux les gens de mon entourage.
11. J'ai beaucoup de difficulté à vivre le moindre changement à mon horaire habituel : ex. rendez-vous, sortie de groupe, visite surprise.
12. J'ai régulièrement peur d'oublier d'aller à la toilette à temps et d'avoir de petits accidents. Je dois alors porter des vêtements que je n'ai pas choisis moi-même.
13. Je subis un stress important à l'heure de la collation et des

repas pris en présence d'un groupe. Je dois penser à manger moins vite et correctement, me souvenir d'échanger avec au moins un voisin enfin, je dois éviter d'interrompre ceux qui parlent.
14. Je ressens le malaise des autres quand je fais des commentaires hors sujet ou maladroits.

Le midi :
1. En début d'après-midi, je souffre souvent d'une grosse fatigue physique et mentale.
2. J'ai envie de dormir dans un coin tranquille. Ma pile est presque vide.
3. J'ai vraiment besoin d'une sieste ou d'exercices de relaxation pour continuer la journée.
4. Je peux choisir de m'isoler loin du bruit pour mieux recharger ma batterie.
5. J'ai de la facilité à me servir d'un ordinateur ou d'une tablette électronique, mais je préfère être tout seul. La présence des autres me distrait beaucoup quand je joue ou que j'exécute un travail.
6. Pour m'assister lors d'une tâche difficile, je préfère l'aide d'un adulte plutôt que celle d'un autre enfant. En général, l'adulte est moins menaçant et imprévisible, plus stable et plus clair dans ses interactions. Les autres enfants peuvent avoir des comportements brusques et intolérants face à ma différence.
7. Je ressens un malaise quand un enfant fait une blague ou un commentaire que je ne comprends pas. Dois-je rire ou être insulté?
8. Je ne comprends pas toujours les intentions des autres. Par exemple, je crains le garçon qui se place à toute vitesse devant moi dans le rang, celui qui crie en sortant dehors et le chauffeur d'autobus qui nous aborde souvent en gesticulant et en parlant très fort.
9. J'ai beaucoup de difficultés avec les imprévus hors de chez moi. Je me sens complètement perdu lorsque mon éducatrice ou mon enseignante est en congé de maladie ou en formation.
10. J'ai plus de facilité dans mes contacts avec les animaux

qu'avec les humains : ex. prendre soin d'un chien, d'un lapin ou d'un hamster; aller en famille au parc animalier, à la ferme ou au zoo.
11. Je manque d'habiletés sociales pour participer aux discussions de groupe. J'ai, moi aussi, un animal ou un jeu préféré, mais je ne sais pas comment en parler et ce qu'on veut entendre.
12. Si j'ai le choix, je préfère les jeux et les activités en solitaire, ou encore avec un seul ami.
13. Je ressens beaucoup d'incompréhension devant la colère, les cris et les pleurs d'un autre enfant.
14. Je suis incapable d'endurer le son de la cloche, de l'alarme ou du détecteur de fumée. Je couvre toujours mes oreilles avec mes mains.

Le soir :
1. Je suis conscient que les membres de ma famille ont des attentes envers moi que je ne saisis pas tout simplement.
2. Je crains les réactions négatives de mes parents après une dure journée à la garderie ou à l'école.
3. Je vis constamment de l'incertitude face à l'organisation de mon sac à dos pour le lendemain : ex. collation, éducation physique, musique, sortie de groupe.
4. Je dois essayer de me rappeler des règles de politesse, lors d'un repas de famille.
5. Je panique rapidement devant un nouvel aliment dans mon assiette : ex. un légume de couleur étrange et d'une texture qui me répugne.
6. Je me sens incapable de parler de ma journée ou des émotions vécues dans mon groupe. Sans mes aides visuels, tout se mélange dans ma tête.
7. J'éprouve de la difficulté à comprendre et à rire des blagues et commentaires des membres de ma famille quand nous jouons à des jeux de table en soirée.
8. Je crains tout le temps d'avoir de l'eau dans les yeux ou les oreilles lorsque je prends mon bain et qu'on me lave les cheveux.
9. Je déteste le bruit de notre séchoir à cheveux. En me couvrant les oreilles, j'arrive plus facilement à l'endurer.

10. Je trouve difficile de faire le choix d'un seul livre d'histoire avant de me coucher. Il y en a tellement que j'aime sur les animaux domestiques ou de la ferme.
11. Je suis constamment inquiet quand mes parents me laissent seul dans mon lit la nuit. Si je perds ma peluche préférée dans mes couvertures ou par terre, je n'arrive pas à me rendormir sans demander de l'aide.
12. J'ai énormément peur des cauchemars et des terreurs nocturnes qui me font courir en criant dans la chambre de mes parents.
13. Je lutte pour ne pas réveiller les membres de ma famille quand je me réveille, en sursaut, la nuit.
14. Je sens mon anxiété baissée quand ma famille me fait des suggestions telles que : peluche, doudou, musique douce, chien d'assistance, etc.

Cet exposé ne représente qu'une liste incomplète des difficultés quotidiennes que peut vivre un jeune autiste d'environ 6 ans. Comme il a déjà été mentionné, l'intensité et la variété des symptômes peuvent varier d'un enfant à l'autre. Alors, pouvez-vous mieux comprendre ce qu'il vit sur une base quotidienne? Réalisez-vous toutes les embûches sur son chemin? Que pouvez-vous faire personnellement pour lui rendre la vie plus agréable?

À la fin de la journée, l'enfant autiste se sent complètement épuisé. Il a tellement hâte de retourner chez lui, de retrouver le silence de son coin préféré et de faire ce qu'il aime le plus (ex. dessin, jeu, construction, ordinateur). Il a aussi grand besoin de faire baisser son stress en se balançant et en agitant les mains pendant de courtes périodes de temps. S'il vous plaît, ne l'empêchez pas de se comporter ainsi à la maison, sinon son anxiété augmentera et viendra perturber son sommeil.

*Cet exposé d'une journée dans la vie d'un jeune autiste a été rédigé après la lecture d'un excellent article du blogue d'une adulte autiste : **« Une journée ordinaire dans la vie d'une autiste asperger »** par Marie-Josée Cordeau. (Voir le lien internet dans la Bibliographie ou retrouver l'auteure sur Google)

IV- **ACCOMPAGNER L'ENFANT AUTISTE**

Voici un plan d'interventions de base qui pourrait permettre à un enfant autiste de 2 ans et plus de faire de véritables progrès en attendant, soit les soins spécialisés de l'appareil gouvernemental, soit les différents services offerts en milieu scolaire ou au privée.

A-Interventions essentielles dès l'âge de 2 ans : Plus vite nous identifierons les signes et symptômes d'un trouble du spectre autistique (TSA), plus vite nous pourrons commencer les interventions essentielles qui amèneront cet enfant à vivre des succès et à être heureux dans la vie.

Pour les parents, le parcours pour recevoir des services publics sera extrêmement long. Selon le Dr N. Poirier et C. Kozminski (2009), cette « démarche épuisante, frustrante et révoltante devient une véritable course contre la montre qui s'étend bien souvent sur une période de trois ans d'attente ».

Voilà pourquoi certains parents, qui sont à l'aise financièrement, auront recours au secteur privé pour accélérer le processus afin d'obtenir, le plus rapidement possible, un diagnostic précis. Puis, ce sera encore des temps d'attente plus ou moins longs pour la véritable prise en charge par les différents spécialistes : pédiatre, psychologue, orthophoniste, ergothérapeute, pédopsychiatre, neurologue, etc.

Alors, en attendant les services spécialisés des milieux médical et scolaire, ce petit guide de base offre aux divers « accompagnateurs » une liste d'interventions précoces et intensives faciles à mettre en pratique. Les accompagnateurs peuvent alors cibler, dès que l'enfant atteint l'âge de 2 ans, certaines interventions pouvant amener l'enfant autiste vers le succès scolaire et éventuellement vers l'autonomie. Comme chaque enfant autiste est « unique », les interventions suggérées devront être adaptées à son niveau et à son rythme.

Vous trouverez, ci-dessous, une liste d'interventions précoces et intensives pour guider tout accompagnateur en contact avec un enfant atteint d'un trouble du spectre autistique (TSA). **Les interventions qui vous sont suggérées sont reliées aux domaines tels que : le JEU au cœur des apprentissages, l'intégration sensorielle, l'alimentation et la digestion, l'entraînement à la propreté, la sieste et le sommeil, le comportement, la communication et le langage, les habilités sociales et le rôle des divers accompagnateurs.**

B-Domaines d'interventions pouvant faciliter l'entrée en milieu de garde et scolaire:

1-Le JEU au cœur des apprentissages : L'aspect le plus important de toute intervention est de garder l'enfant en contact avec la réalité. Pour le jeune enfant, le jeu constitue une partie importante de la journée. C'est donc grâce au jeu, au sein de sa famille, que l'enfant autiste fera des progrès qui lui faciliteront l'entrée en milieu de garde et scolaire. Voici des suggestions à mettre en pratique dès le plus jeune âge :

Jouez pour apprendre à « Attendre son tour ». Avant la maternelle, une bonne partie de la journée devrait être réservée aux jeux et aux activités qui apprennent à cet enfant à « attendre son tour ». C'est une habileté extrêmement importante à développer afin de bien fonctionner en société. Voici quelques exemples d'activités :

- Jeux de table : cartes, dames, dominos, serpents & échelles, échecs, mémoire, tic tac toc, etc.
- Heure des repas : savoir choisir ses portions d'aliments et se servir tout seul, apprendre à parler de sa journée (langage ou pictogrammes), puis écouter les autres autour de la table
- Activités extérieures : glissades, balançoires, marelle, soccer, trampoline, jardinage, décorations de fêtes, etc.

Pratiquez un jeu ou une activité avec un seul partenaire, au tout début. Avec le temps, vous pouvez ajouter d'autres partenaires comme les divers membres de la famille, la parenté et les amis. Demeurez toujours à l'écoute des signaux que l'enfant vous transmet afin de lui éviter une fatigue extrême, la surcharge sensorielle et les crises de colère.

Utilisez le jeu pour développer des habiletés essentielles au succès.

- La motricité fine : casse-tête, blocs, dominos, billes, stencils, pâte à modeler, découpage, dessin, peinture et jeux électroniques. Il serait important de cibler des jeux ou des activités qui permettraient à ce jeune de découvrir, tout en s'amusant, qu'il peut lui aussi apprendre à écrire, à s'habiller, à attacher ses souliers, à se peigner et à manger correctement comme les autres enfants.

- Le mouvement et le champ visuel : jeux de cartes et de mémoire; dessins avec points, lettres ou numéros; activités musicales (petits instruments) et activités sportives (basket, soccer, football, quilles et arts martiaux); s'amuser à lire des mots à l'aide d'images ou encore taper à l'ordinateur des noms de personnes ou d'animaux.

- La relation spatiale : le montage de modèles d'avions et de voitures, l'assemblage de train avec rails, la construction à partir de blocs de différentes formes, couleurs et grosseurs, les activités de pliage, découpage et coloriage (ex. carte de voeux, avion de papier, éventail chinois, flocon de neige), les jeux 2D/3D à l'ordinateur ou sur une tablette numérique de même que la pratique d'arts martiaux.

- Les interactions sociales : les comptines, chansons et gestes, les jeux de société, les activités sportives (ballon et autres), la cache-cache, les déguisements et les jeux de rôles (maman, papa, épicier, docteur, vétérinaire, coiffeur, professeur), les marionnettes, l'heure du conte, le jeu de téléphones, l'heure de la collation et des repas et enfin l'invitation d'un ami à faire une activité ensemble.

- L'autonomie : Choisissez des jeux et des activités que l'enfant autiste peut diriger lui-même. Lorsque vous trouvez un jeu ou une activité qui l'intéresse tout particulièrement, partagez vos trouvailles avec les autres intervenants : maison, garderie/crèche et école. Ainsi, il sera possible d'améliorer sa mémoire, sa confiance en soi et de vivre de petites victoires.

2- L'intégration sensorielle : L'enfant autiste est un être d'une sensibilité extrême , et ce à plusieurs niveaux. Il peut se sentir constamment agressé par son environnement : le bruit, la lumière, la texture, l'odeur et le goût. De là naissent ses frustrations, son anxiété, sa colère et sa rage.

Alors, vous aurez comme tâche première de trouver des moyens de réduire les déclencheurs de crises afin de faciliter la communication avec un jeune autiste. Par exemple, assister à une fête de famille peut devenir un évènement très angoissant à vivre pour cet enfant hypersensible. Plus le nombre de personnes sera élevé, plus l'adaptation sera difficile. Le trop plein d'informations à décoder en même temps provoquera souvent des crises incontrôlables. À surveiller : cris, rires, pleurs, mouvements, lumières, odeurs et activités qui ne font pas partie de son quotidien.

Le traitement de cette dysfonction devrait toujours être placé en priorité sur votre liste d'interventions. Cependant, ce processus exige beaucoup de patience, de constance et de vigilance pour arriver à bien détecter les déclencheurs de crises.

Selon les chercheurs, voici les principaux **signes** pouvant indiquer une **« surcharge sensorielle »** chez l'enfant autiste :

- Il dit : « Arrête » ou « Non »
- Il refuse absolument de faire l'activité
- Il tente de s'éloigner
- Il devient agité puis en colère
- Il se met à crier
- Il pousse, frappe et mord les personnes de son entourage
- Il peut avoir des problèmes de digestion : crampes, nausées, vomissements
- Il peut ressentir une perte d'équilibre et d'orientation
- Il peut répéter des mots ou de courtes phrases pour réduire son anxiété : ex. « non, non, non », « encore, encore, encore »; « veux pas, veux pas, veux pas ».
- Il peut démontrer des comportements répétitifs pour se calmer : ex. se balancer, agiter les mains, se frapper ou même se mordre.

Si l'enfant manifeste plusieurs de ces signes, arrêtez tout de suite l'activité que vous venez d'amorcer. Son comportement indique que celle-ci exige beaucoup trop de lui. En divisant la tâche en étapes ou en diminuant la longueur de la période d'activité, vous pouvez vous éviter des crises de colère imprévues et intenses.

3- L'alimentation et la digestion : Tout d'abord, il faudrait faire examiner l'enfant autiste, dès son plus jeune âge, par un spécialiste de la santé. Souffre-t-il d'allergies ou d'intolérances alimentaires? Est-il sujet aux problèmes gastro-intestinaux qui causent des malaises pouvant nuire à ses apprentissages? (ex. crampes, constipation, diarrhée, reflux gastrique, maux de tête, fatigue, etc.)

Selon un reportage de Télé Québec du 12 avril 2014, **Planète Science : « L'énigme de l'autisme : la piste bactérienne »**, environ 70% des enfants autistes souffriraient de problèmes gastro-intestinaux. En constatant que le trouble du spectre autistique prend de plus en plus d'ampleur dans les pays industrialisés, des chercheurs américains, canadiens et norvégiens soupçonnent un lien entre le **régime alimentaire** et les **bactéries intestinales** qui agissent directement sur le **cerveau**. De plus, nous retrouvons des études allant dans le même sens dans le livre : « Healing the New Childhood Epidemics : AUTISM, ADHD, ASTHMA and ALLERGIES » des auteurs américains Dr D. Bock & C. Stauth.

L'enfant autiste présente une flore intestinale très différente de celle d'autrefois, et ce, en raison de l'ère de l'industrialisation. Voilà pourquoi les émigrants (et leurs enfants), venant d'Afrique, d'Asie, des Antilles ou d'autres pays ayant une cuisine traditionnelle et naturelle, seraient plus nombreux à être atteints dans les domaines gastro-intestinal, immunitaire et cérébral.

Dans leur nouvel environnement, les chercheurs américains ont ciblé des déclencheurs bien précis. Ils ont remarqué la passion de l'enfant autiste pour **les produits laitiers** (lait et fromage) **et les glucides** (pâtes, pâtisseries, pizza), ce qui les a mis sur une piste intéressante. Aussi, l'introduction de la restauration rapide et des antibiotiques aurait, selon eux, contribué à faire augmenter les cas d'autisme un peu partout dans le monde. Leurs recherches suggèrent cinq raisons derrière cette situation alarmante :

- Le ¾ des animaux sont traités avec des antibiotiques.
- Les grains, au lieu du fourrage, qu'on fait maintenant manger aux animaux herbivores leur occasionnent des problèmes d'acide et, par le fait même, de digestion.
- La production massive de maïs pour le bétail provoque une carence au niveau de la matière grasse nécessaire au bon fonctionnement du cerveau. (+ omega 6, - omega 3)
- L'utilisation des pesticides et des engrais chimiques continue d'être en forte croissance.
- La multiplication d'organismes génétiquement modifiés (OGM) serait très néfaste au développement cérébral, intestinal et immunitaire de l'humain. Nous retrouvons maintenant des OGM dans les céréales, les fruits, les légumes, les viandes et bientôt dans les poissons.
- La très grande accessibilité aux aliments industriels (mets préparés ou surgelés) beaucoup moins nutritifs qui prennent le dessus sur les aliments naturels de la cuisine d'autrefois.

En Norvège, les chercheurs ont ouvert la première clinique qui a pour but de « Traiter l'autisme en traitant le corps ». Premièrement, ils étudient l'historique de l'enfant : sa nourriture, son sommeil et ses comportements à la maison comme à l'école. Deuxièmement, ils examinent de près le système gastro-intestinal. Troisièmement, ils interviennent sur le régime alimentaire en éliminant tous les produits laitiers et tous les aliments contenant du gluten.

Basés sur leurs dernières études, voici quelques conseils à retenir concernant un nouveau régime alimentaire pouvant améliorer différents aspects de la vie d'un enfant autiste :

- Éliminez les produits laitiers pendant 3 semaines. Constatez-vous des changements positifs? Si oui, continuez ce régime.
- Éliminez les aliments contenant du gluten (blé) pendant 3

mois. Est-ce que certains symptômes ont disparu ou diminué? Si oui, vous êtes sur la bonne voie.
- Offrez moins de sucreries aux enfants qui sont hyperactifs.
- Achetez autant que possible des « aliments biologiques » tels que fruits, légumes, viande et lait d'amandes afin de protéger la flore intestinale.
- Gardez la restauration rapide au minimum (peut-être une fois par semaine) et vérifiez s'il y a un impact au niveau des comportements ou des malaises.

Selon les auteurs américains Dr K. Bock et C. Stauth, voici certains signes et symptômes à surveiller **avant** et **après** le changement de régime alimentaire :

- Congestion chronique du nez et de la gorge
- Toux, éternuements et symptômes d'asthme
- Problèmes intestinaux : constipation, diarrhée, crampes, flatulences, rots, nausées
- Infections aux oreilles dues à la congestion
- Maux de tête et migraines
- Transpiration sans raison apparente
- Concentration et mémoire déficitaires
- Insomnie et terreurs nocturnes
- Problèmes émotifs : dépression, anxiété, angoisse et colère
- Etc.

Lors du retrait des produits laitiers et des aliments contenant du gluten, l'enfant pourra avoir des symptômes de sevrage pendant environ 48 heures. Pour les enfants, c'est une période très difficile, en particulier pour les adolescents. Cependant, vous devez demeurer patients et constants. Si l'enfant réclame de la restauration rapide, mettez au calendrier, une fois par semaine, une sortie en famille dans un restaurant offrant un menu varié. Vous pouvez toujours trouver des mets sans gluten ni produits laitiers, en vous informant à l'avance.

Une fois le nouveau régime mis en place, voici quelques suggestions pouvant rendre plus agréable l'heure des repas pour l'enfant autiste et sa famille :

- Établissez un horaire de repas et de collations avec pictogrammes.
- Rédigez avec l'enfant une liste d'aliments qu'il voudrait manger, à partir d'images, de publicités hebdomadaires ou lors d'une courte sortie au marché.
- Impliquez l'enfant dans la préparation des aliments pour la collation et le repas.
- Procédez par étapes pour en faciliter l'apprentissage. Soyez patient et répétez vos consignes aussi souvent que nécessaire.
- Présentez un nouvel aliment qui pourrait ressembler à un autre de ses préférés. (ex. macaroni sans gluten = penne ou fusilli sans gluten)
- Préparez la collation ou le repas de façon amusante : ex. une collation de morceaux de légumes ou de fruits placés en forme de bonhomme sourire dans une assiette; un repas avec pommes de terre pilées en forme de volcan avec morceaux de poulet à l'intérieur, le tout recouvert d'une sauce brune puis entouré de verdure (des morceaux d'un légume vert de son choix).
- Mettez sur pied un système de renforcement positif pour cet enfant : ex. autocollants sur le calendrier ou sur son horaire de la journée, jeu ou activité avec une personne de son choix.
- Rappelez-vous qu'un repas équilibré par jour, en plus de collations santé, peut suffire à la croissance de tout enfant.

4-L'entraînement à la propreté : En ce qui a trait à l'apprentissage de la propreté, chaque enfant autiste est différent. Certains seront prêts à 18 mois et d'autres beaucoup plus tard. Cependant, il est primordial que les parents et autres accompagnateurs travaillent intensivement à l'entraînement à la propreté avant l'entrée à l'école. Les petits accidents pourront alors être évités et l'enfant développera une meilleure estime de soi.

Pour aider les divers accompagnateurs de cet enfant lors de l'entraînement à la propreté, voici quelques suggestions simples et efficaces :

- Établissez un horaire de la propreté à l'aide de pictogrammes ou de photos : ex. collation/repas, toilette, chasse d'eau, mains propres, récompense, jeux ou activités.
- Parmi les récompenses, vous pouvez avoir sous la main des autocollants amusants ou des aliments qu'il aime bien (noix, fruits, croustilles) placés dans un bol qu'il peut voir à distance.
- Évitez les couches pendant la journée. Ayez plutôt sous la main plusieurs petites culottes. S'il y a sortie et possibilité d'accidents, mettez une couche par-dessus la petite culotte.
- Utilisez, selon l'âge de l'enfant, un petit pot ou un siège d'appoint afin de faciliter son autonomie.
- Placez une peluche sur un petit pot afin qu'il puisse l'imiter.
- Après une selle, montrez-lui, en vous servant d'une poupée garçon ou fille, comment s'essuyer afin de faciliter la tâche des intervenants du milieu scolaire.
- Apprenez-lui, en suivant l'horaire imagé, à actionner la chasse d'eau et à se laver les mains correctement.
- Invitez les autres intervenants à utiliser une démarche semblable si vous voulez que l'enfant se souvienne de la marche à suivre.

Enfin, s'il y a de petits accidents lors de l'apprentissage de la propreté, évitez surtout de punir ou de crier après cet enfant hypersensible et vulnérable. C'est tout à fait normal d'être distrait ou dans sa bulle, surtout quand l'enfant autiste est très anxieux et fatigué. Rappelez-vous qu'une attitude positive donne toujours de meilleurs résultats.

5-La sieste et le sommeil : Pour l'enfant qui a de la difficulté à faire une sieste ou qui souffre de troubles du sommeil, voici quelques mesures d'encadrement, accompagnées d'exemples pouvant vous faciliter la tâche.

- Établissez un horaire imagé pour la sieste et le coucher.
- Évitez les boissons ou les aliments stimulants avant le coucher.
- Privilégiez les activités calmes avant toute période de repos. (ex. heure du conte, lecture individuelle, respirations profondes avec une petite plume dans les mains)
- Pratiquez des exercices de yoga amusants et relaxants. (ex. Voir Bibliographie)
- Assurez-vous d'offrir un environnement tranquille et confortable.
- Habituez l'enfant à s'endormir tout seul, dès le plus jeune âge.
- Utilisez un tableau de renforcement pour souligner les succès de l'enfant. Puis, après un certain nombre de jours, l'enfant aura droit à un privilège de son choix : ex. faire un pique-nique, nourrir les canards de l'étang, amener son chien dans le parc à chiens, ramasser un bouquet de fleurs sauvages pour grand-maman ou, en hiver, construire un fort ou un bonhomme de neige.

Si l'enfant a peur du noir ou d'aller à la toilette tout seul (maison, garderie/crèche ou école) parce qu'il n'y a pas de fenêtre dans la pièce ou qu'il craint une panne, offrez-lui une petite lampe de poche qu'il pourra placer par terre tout près de ses pieds. C'est véritablement une peur, et non pas un caprice, pour cet enfant hypersensible.

Pour les enfants souffrant de cauchemars et de terreurs nocturnes dus à l'anxiété et à la fatigue extrême, une peluche douce et réconfortante associée uniquement au sommeil peut calmer l'enfant qui s'éveille en sursaut.
Certains parents vivent aussi du succès lors de l'acquisition d'un « chien d'assistance » dormant tous les soirs avec l'enfant. Quand ce dernier fait un cauchemar, il est moins porté à réveiller ses parents. Il prend plutôt son ami poilu par le cou et se rendort dans la douceur et le calme de la nuit.

D'autres parents réussissent à faire diminuer l'anxiété qui nuit au sommeil de leur enfant en lui faisant faire de l'équitation en après-midi. Grâce à l'hippothérapie, l'enfant peut aussi améliorer, selon certaines études, sa posture, sa dextérité et même son élocution.

Enfin, rappelez-vous que ces enfants hypersensibles et ces animaux au cœur tendre savent profiter du « moment présent » en baignant dans l'amour inconditionnel. Quoi de mieux pour un sommeil réparateur.

Message aux parents : Si les troubles du sommeil persistent et deviennent très dérangeants pour toute la famille, n'hésitez surtout pas à consulter un pédiatre ou votre médecin de famille.

Lors de votre prochain rendez-vous médical, rappelez-vous que plusieurs chercheurs, dont le Dr W. Sharp du Centre Autistique Marcus (USA), ont déjà constaté qu'environ 70% des enfants autistes ont des problèmes gastro-intestinaux. D'après leurs études, les bactéries intestinales agiraient directement sur les fonctions cérébrales, dont fait partie le sommeil. Il serait alors souhaitable d'approfondir l'examen clinique pour améliorer les soins apportés à l'enfant. En d'autres mots, on pourrait se poser la question: Est-ce que le sommeil serait de meilleure qualité si on améliorait la flore intestinale de cet enfant en changeant son régime alimentaire ou encore en lui prescrivant un médicament?

6-**Le comportement** : Tout comportement inapproprié ou dérangeant constitue un message que l'enfant autiste vous envoie concernant la perception de son environnement. Sachez que les comportements inacceptables nuisent à ses apprentissages que ce soit à la maison, à la garderie/crèche ou à l'école.

L'enfant peut devenir facilement et complètement désorganisé. Il se sent alors incapable de communiquer ses besoins, de comprendre une situation inhabituelle et de répondre aux différentes attentes de son entourage.

Lorsqu'un tel comportement se produit, mettez-vous à la recherche des déclencheurs pouvant affecter cet enfant. Voici quelques déclencheurs communs : la surcharge sensorielle ou émotionnelle, le manque de sommeil, la fatigue extrême, les allergies ou les intolérances alimentaires, les malaises physiques, la faim ou la soif, le manque d'intérêt pour une activité (ex. nettoyer un dégât, attacher ses souliers, délaisser une activité intéressante, se mettre en rang, faire une sieste).

Il vous faudra donc élaborer très tôt un système de communication lui permettant d'exprimer ses besoins, ses émotions et ses malaises : ex. images, affiches, tableaux, langage des singes et outils informatiques.

Vos réactions face aux comportements dérangeants ont un impact important sur l'enfant autiste et son environnement. Sachez que l'enfant peut ressentir l'accompagnateur qui le soutient et celui qui est plutôt indifférent. Prenez le temps d'analyser votre comportement après une crise inattendue et intense. Par exemple, l'éducatrice qui crie : « Alex! C'est assez! As-tu compris? » aura sûrement moins de succès que celle qui l'approche calmement en lui disant : « Alex, va t'asseoir. C'est l'heure de la collation ».

Pouvez-vous faire la différence entre une « colère volontaire » et une « colère involontaire ? Lorsqu'il y a de la colère volontaire ou de la manipulation, l'enfant doit en assumer les conséquences par une perte de privilège (ex. refus d'aller à la toilette = perte de son tour à l'ordinateur). S'il y a de la colère involontaire, due à une surcharge de stimulants ou d'une fatigue extrême, il vous faut faire des modifications pour diminuer ce comportement. Par exemple, si l'enfant jette son repas par terre, cherchez les déclencheurs (ex. odeur, texture, goût, couleur) ou vérifiez la qualité de sommeil de la nuit précédente.

Dans le but d'aider l'enfant autiste (TSA) à communiquer ou à exprimer son ressenti afin d'éviter les crises de colère, il faut montrer à ce jeune à nommer les différentes émotions vécues par lui et les autres. Il a besoin de reconnaître ce que son corps ressent avant qu'une surcharge sensorielle ou émotionnelle ne survienne.

Cependant, comme cet enfant a de la difficulté à comprendre le langage corporel et les expressions faciales, il faudra lui enseigner, à l'aide de supports visuels, les **diverses émotions** (heureux, triste, fâché, fier, etc.) et les **différents besoins** (faim, soif, mal, fatigue, etc.) de toute personne. Pour certains enfants, cet apprentissage pourra être très long, mais tellement important pour son adaptation à la vie en société.

Au lieu de forcer l'enfant autiste à assister à des rassemblements bruyants et d'attendre qu'il soit en situation de crise pour le retirer du groupe, pourquoi ne pas le laisser venir de lui-même vers les autres quand il se sent prêt? Selon Marie Josée Cordeau, l'enfant vivrait moins de crises, d'échecs et de réprimandes s'il pouvait s'éloigner dans un coin calme lors de situations angoissantes. De plus, elle ajoute que : « Les sorties devraient se faire dans des lieux tranquilles et en augmentant l'intensité, sans pression, au lieu de pousser l'enfant directement dans la mêlée ».

L'enfant peut aussi apprendre à choisir une activité pouvant calmer sa grande anxiété. Par exemple, il pourrait aller prendre une marche avec l'accompagnateur, s'étendre avec une peluche sur un petit tapis, se diriger dans le coin lecture, jouer avec des blocs ou encore faire des mouvements répétitifs afin de retrouver sa zone de confort.

Rappelez-vous qu'au début de cet apprentissage, les émotions passeront beaucoup plus par le non verbal. Cependant, à mesure qu'il développera son langage ou sa propre façon de communiquer, l'enfant autiste parviendra à mieux exprimer ses besoins et à contenir ses émotions.

Voici d'autres interventions comportementales, basées sur différentes approches, qui pourraient être adaptées aux besoins de l'enfant autiste (TSA):

Le yoga pour enfants. Partez à la recherche d'activités amusantes de relaxation par le yoga que vous offrent certains livres pour enfants tels que : « Yoganimo » par S. Martel et M-H Tapin et « Yoga Kids » par Marsha Wenig. Vous y trouverez un grand nombre de postures rigolotes à pratiquer quotidiennement : ex. animaux et éléments de la nature.

Les respirations profondes. À pratiquer régulièrement pour faire face aux frustrations de la vie courante et pour retrouver son calme. Pour rendre cette activité encore plus amusante, suggérez à l'enfant autiste ou à tout le groupe de souffler très lentement sur chacun de ses doigts comme si c'était des bougies. Vous pouvez faire le même exercice en remettant à chaque enfant une jolie plume de couleur que l'on achète à la douzaine dans les magasins à bas prix.

L'exercice quotidien. L'enfant qui a beaucoup d'énergie, qui bouge les bras et qui saute continuellement aura besoin d'activités ou de sports pour mieux canaliser son énergie : ex. judo, karaté, trampoline, marelle, sauts à la corde, etc. Il a été prouvé que l'exercice quotidien a un effet calmant sur toute personne anxieuse ou hyperactive.

La consultation régulière de l'horaire. Au début, l'adulte ou un autre jeune pourra assister l'enfant autiste en pointant du doigt l'activité à venir sur son horaire de la journée. Puis, lorsque cet enfant apprendra à consulter tout seul son horaire et à accepter les changements d'activités, il aura acquis un certain degré d'indépendance et un meilleur contrôle de ses émotions.

Les discussions en tête-à-tête. Par exemple, après un repas, une sortie ou une journée difficile pour cet enfant hypersensible, servez-vous d'une affiche d'émotions, d'un dessin, d'une peinture et de mots pour faire ressortir les émotions derrière la crise. Rappelez-lui, à l'aide d'un livre d'histoire ou d'un cahier illustré, qu'il est normal pour tout le monde d'être fâché ou frustré de temps à autre, de vouloir se retirer pour se calmer, puis de retourner avec les autres éventuellement. Le cahier illustré peut décrire des situations vécues par l'enfant ayant mené une crise et, par la suite, à une solution intéressante.

La découverte du potentiel. Dans un agenda personnel, dressez la liste des forces et des faiblesses de cet enfant pour mieux orienter vos interventions. Vous pouvez avoir un jeune hyperactif plutôt entêté qui est toutefois capable de bien ranger ses affaires, de prendre soin d'un animal domestique, de chanter toutes les paroles de ses chansons et publicités préférées ou encore de réussir mieux que quiconque, une imposante construction de blocs ou un nouveau jeu électronique.

Un suivi sur 10 jours. Prenez en note les divers comportements sur une période déterminée à l'avance. Écrivez ce qui se produit avant, pendant et après l'expression d'un comportement dérangeant. Essayez de découvrir si le comportement en question est le résultat d'une surcharge sensorielle, d'une fatigue extrême ou d'un simple caprice. Ainsi, vous saurez mieux comment l'aider, soit en imposant une conséquence, soit en lui offrant une pause.

Les « pauses » à l'extérieur. Quand un comportement dérangeant continue un peu trop longtemps à l'intérieur, sortez tout simplement dehors pour profiter de l'air frais et retrouver le calme : ex. remplir les mangeoires, courir avec le chien, jardiner dans le potager, pique-niquer sur la pelouse, aller chercher le courrier, prendre une marche, jouer au parc, ramasser les feuilles mortes dans la cour, faire des boules de neige, etc. En éloignant régulièrement l'enfant autiste des bruits et des lumières intenses qui agressent ses sens, vous pouvez vous éviter de nombreuses crises.

Le langage des signes. Si le langage de l'enfant n'est pas suffisamment développé, n'hésitez pas à utiliser le langage des signes pour communiquer. Ou encore, inventez vos propres signes pour exprimer votre approbation ou votre désaccord : ex. main sur l'épaule = C'est bien; doigt sur le menton = Attention; high five = Bravo.

L'amélioration de l'attention. Pour l'enfant autiste qui est facilement distrait par tout ce qui se passe autour de lui, voici une solution efficace pour l'aider à retrouver sa concentration et avoir plus de succès dans ses relations. Il suffit d'attirer son attention en le regardant dans les yeux, d'exprimer le comportement désiré puis de lui rappeler en douceur ce qu'il doit faire exactement. (ex. <u>Sam, range tes jouets</u> et <u>sors ton pyjama</u>). Si l'enfant se sent agressé par le regard de l'autre, demandez-lui de faire un signe de tête pour exprimer qu'il a compris ce que vous lui dites. Surtout, évitez les cris, les moqueries et les formules négatives qui vont immanquablement hausser sa surcharge sensorielle et provoquer une véritable crise de colère.

L'enfant qui tient tête. Un de vos plus grands défis sera sûrement de mettre fin à une demande répétitive de l'enfant autiste capable de s'exprimer. Dressez à l'avance une liste d'expressions courtes et simples pour mettre fin à une discussion tout en respectant l'enfant. Par exemple, vous pouvez dire à un jeune qui refuse de remettre la tablette électronique à son frère: « Désolé que cela te dérange », « Merci de me mettre au courant », « Cette activité est terminée pour toi », « Je ne veux plus en parler » et puis, vous proposez une autre activité pouvant l'intéresser: ex. jeu de blocs ou de cartes, dessin ou peinture, livre sur les dinosaures, vidéo de son choix, collation ou boisson.

De la rigidité à la flexibilité. Comme l'enfant autiste a de la difficulté à être flexible dans ses pensées et ses actions (ce qui lui nuira à l'adolescence et à l'âge adulte), cherchez des trucs amusants qui peuvent faire partie de sa routine quotidienne. Par exemple, essayez de chanter sur une jambe puis sur l'autre, d'arrêter toute activité au son d'une clochette, de réciter l'alphabet les yeux ouverts puis fermés, d'écrire une lettre sur le dos ou le front de son frère ou de sa soeur, de dire « Youpi » ou toute autre expression rigolote lorsque quelqu'un gagne au jeu, de changer de place avec un voisin lors de la collation, de sourire à quelqu'un avant de placer son domino, etc.

Le kit antistress. Pour diminuer la surcharge sensorielle, vous pourriez avoir sous la main une jolie boîte contenant des articles pouvant protéger son hypersensibilité : ex. lunettes de soleil, casque d'écoute, bouchons d'oreilles, collation, balle antistress, plume de couleur, jeux de table, casse-tête, crayons et papier, etc.

L'échange de trouvailles. Les parents, éducateurs, enseignants, thérapeutes ou autres accompagnateurs doivent communiquer entre eux pour faire part des stratégies ou interventions qui fonctionnent bien et de celles qui ne donnent pas les résultats escomptés. Ainsi, chacun sera outillé pour faire face aux comportements inappropriés et empêcher, par le fait même, l'escalade d'émotions chez cet enfant.

7-La communication et le langage : Un enfant qui ne peut pas communiquer ses besoins, ses désirs, ses difficultés ou ses malaises par le langage vivra beaucoup de frustration, d'anxiété et de colère.

Comme les dernières études nous informent qu'environ 1/3 des enfants autistes sont non verbaux, il est donc primordial de développer, dès le plus jeune âge, des moyens de communication autres que le langage verbal : ex. images, pictogrammes, affiches, tableaux, gestes, assistance technologique et langage des signes.

Puis, il faudra mettre sur pied un **« programme intensif de communication »** afin de permettre à cet enfant de vous mettre au courant de tous ses besoins et, par le fait même, d'éviter des crises de colère intenses et souvent inattendues.

Pour contrer le stress, l'anxiété et l'angoisse de ses apprentissages, l'enfant autiste a besoin de relations stables et positives avec les adultes significatifs dans sa vie. Être disponible physiquement et émotionnellement pour cet enfant peut souvent être plus important que les jeux ou les activités que vous lui proposez afin de le faire progresser dans son cheminement.

Comme l'enfant autiste (TSA) apprend plus facilement par la vue que par l'ouïe, **les supports visuels sont essentiels à ses nombreux apprentissages**. Les affiches, les tableaux et les horaires imagés sont les outils les plus utilisés parce qu'adaptables à différentes situations : ex. activités simples ou compliquées à la maison, à la garderie/la crèche ou à l'école. En utilisant des supports visuels, vous pouvez aider l'enfant autiste à comprendre l'ordre de ses activités dans le temps, à accepter tout changement dans sa routine ce qui facilitera les transitions, à réduire son niveau d'anxiété ainsi que ses problèmes de comportement et finalement, à faciliter ses interactions avec les personnes de son entourage.

L'horaire de la journée peut informer l'enfant à partir d'images, de photos, de pictogrammes, de dessins, d'autocollants et de mots. Présentez au moins deux ou trois activités à la fois afin de faciliter les transitions souvent difficiles pour cet enfant. (sieste, jeux libres, départ) Revoyez l'horaire à plusieurs reprises avec l'enfant pour être sûr d'être bien compris et que rien ne soit oublié.

Montrez à l'enfant comment utiliser son horaire lui-même. Comme les images à cocher, les photos à déplacer, les autocollants à ajouter ou les dessins à colorier lorsqu'une activité est terminée.

Vous pouvez utiliser des supports visuels pour :
- **la routine de la journée** (jeux, collation ou repas, sieste, activités intérieures et extérieures, bain, lecture, coucher)
- **la nourriture** (fruits et légumes, collations et repas)
- **les émotions** (joyeux, fier, triste, fâché, fatigué)
- **les règles de discipline** (attendre son tour, parler doucement, partager les jouets)
- **les règles de sécurité** (descendre l'escalier, traverser la rue, prendre l'autobus)
- **le choix d'activités familiales** (le soir, le week-end, les congés ou les vacances)
- etc.

En passant, **l'horaire visuel n'est pas un outil temporaire.** Il peut être très utile à la maison, à la garderie/crèche, à l'école et même plus tard, dans le milieu de travail.

La clé du succès des nombreux apprentissages repose en grande partie sur les **supports visuels** qu'on proposera à l'enfant autiste (TSA). Sachez que ceux-ci permettront à ce jeune d'augmenter sa confiance en soi et de devenir éventuellement un être autonome, indépendant et capable de réussir sa vie tout comme ses pairs.

Voici une liste de **stratégies simples et efficaces,** utilisées par des spécialistes en éducation et des parents d'enfants autistes, pour développer les **quatre compétences du langage** qui sont souvent déficitaires chez ces jeunes : **écouter / parler, lire / écrire.**

ÉCOUTER & PARLER

L'écoute est indispensable à tout processus d'apprentissage, surtout le langage. Habituellement, nous écoutons beaucoup plus que nous ne lisons, écrivons ou parlons. Prenez, par exemple, le jeune enfant qui écoute, imite, répète et finit par apprendre une chanson que sa maman ou son papa lui chante tous les soirs, avant de se coucher.

La toute première étape est d'établir un contact visuel avec l'enfant autiste avant même de commencer à lui parler. Pour obtenir son attention, il faudra aller vers lui, vous pencher ou vous mettre à son niveau pour le regarder dans les yeux. Par la suite, utilisez des signes tactiles, visuels et verbaux. Par exemple, vous pouvez mettre doucement la main sur son bras, dire son nom, puis ajouter une courte phrase comme : « Bonjour, Sarah », « Écoute Léo », « Regarde-moi ». Au début, s'il vous répond en faisant un signe de tête, c'est suffisant!

De l'image au mot. Fabriquez différentes affiches pour aider l'enfant à trouver et à répéter le bon mot pour s'exprimer. Les images peuvent faire référence à la nourriture, aux jeux ou jouets, aux activités familiales, à la parenté, aux émotions, aux règlements, etc. Au début, il pointera l'image pour communiquer avec vous, mais éventuellement avec votre soutien constant, il vous surprendra en répétant lui-même le mot suggéré.

Du mot à la phrase. L'enfant a besoin de modèles et de répétitions pour apprendre à formuler de courtes phrases. Par exemple, lorsque vous entendez le mot « camion », au lieu de lui remettre tout de suite l'objet en question, faites-lui répéter « Je veux le camion » ; s'il a soif, il doit apprendre à dire « Je veux du jus ».

Des tableaux de choix (images, photos, pictogrammes et mots). Fabriquez des tableaux divisés en deux colonnes pour obtenir de plus en plus de réponses verbales de l'enfant. Par exemple : « Veux-tu faire un dessin ou une peinture? », « Veux-tu le garage ou la maison de poupées? », « Veux-tu du lait ou du jus? ».

L'utilisation d'un appareil-photo. Si vous ne trouvez pas les images ou les pictogrammes qui permettraient à l'enfant autiste d'obtenir ce dont il a besoin, n'hésitez pas à prendre des photos partout dans la maison, la garderie/crèche et même à l'école : ex. mouchoir, livre, papier, crayons de couleur, jeux, jouets, aliments, boissons, serviette, vêtement ou sous-vêtement, peigne, brosse à cheveux, pâte dentifrice, papier de toilette, etc. Par la suite, l'accompagnateur nommera l'objet pour amener l'enfant à répéter dans le but d'associer la photo au mot.

Par exemple, lorsque l'enfant voudra du jus, il pourra remettre la photo d'un verre de jus, puis on lui fera répéter le mot « jus » avant de l'obtenir. Plus tard, vous pourrez passer du mot à la phrase : « Je veux du jus ». Éventuellement, un grand nombre d'enfants autistes, afin d'obtenir plus vite ce qu'ils désirent, mettront de côté la photo ou l'image pour dire tout simplement le mot ou la phrase. Voilà de belles victoires à venir!

L'accès à une machine à plastifier. Pour mieux conserver vos images, pictogrammes, photos, instructions ou directives, il vous faut avoir accès régulièrement à une machine à plastifier. Rappelez-vous toujours que l'enfant autiste est d'abord « visuel ». Toutes vos trouvailles plastifiées assureront des progrès constants à cet enfant capable d'apprendre à son propre rythme.

Si ce n'est pas possible, une méthode plus économique et pratique pour plastifier vos images serait de vous procurer des rouleaux de plastique transparent et adhésif servant à recouvrir les livres ou cahiers scolaires.

L'expression quotidienne de vos pensées, opinions et émotions puis questions pour l'enfant : ex. "Vois-tu la petite fille qui se promène avec un chien sur le trottoir? Elle a l'air fâchée. À quoi peut-elle bien penser?"-"Regarde papa qui chante dans la cuisine. Il a l'air heureux. À quoi pense-t-il ce soir?" Ensuite, formulez ce que vous pensez pour lui permettre d'apprendre que les gens peuvent avoir des pensées, des opinions et des émotions différentes des siennes, en tout temps et en tout lieu.

Le rappel régulier des règles de discipline de la maison, de la garderie/crèche et de l'école, à l'aide de tableaux ou d'affiches. Ceci contribuera à diminuer l'anxiété et le stress de cet enfant hypersensible à son environnement. Par exemple, il devra apprendre à lever la main, attendre son tour, partager les jeux, prendre son rang, signaler un problème, etc.

Le retour sur les règles de sécurité, au besoin, pour protéger adéquatement cet enfant vulnérable parce que souvent replié sur lui-même. Par exemple, nous devons lui enseigner comment traverser la rue, reconnaître les feux de circulation; prendre l'autobus, le métro ou le tramway; faire du vélo ou du patin; jouer au parc ou au terrain de jeux; et enfin, sortir dans les grands magasins.

L'utilisation de l'agenda de l'enfant pour communiquer des nouvelles à l'éducatrice ou à l'enseignante. Par exemple, avec un court message, attachez une photo de l'enfant lors de sa première leçon d'équitation, d'un pique-nique à la plage, d'une promenade au Jardin zoologique, de sa participation à une fête de famille, de la fabrication d'un bonhomme de neige ou de toute autre activité qu'il a adorée. Puis, invitez l'adulte à en discuter davantage avec votre enfant et son groupe lors de la période des nouvelles.

L'usage de livres, revues et catalogues. Pour amener l'enfant autiste à s'exprimer davantage, demandez-lui, par exemple, de choisir une page dans son livre préféré, puis de décrire, en un ou deux mots, une chose importante qu'il remarque. Ensuite, à tour de rôle, en pointant du doigt, vous ajoutez de plus en plus de détails pour compléter la description de l'image ou de la page. Ainsi, les mots de vocabulaire s'accumuleront progressivement pour ce jeune qui aura du plaisir à apprendre avec quelqu'un qui s'intéresse à lui.

L'apprentissage de chansons et de comptines. Si l'enfant adore et apprend facilement les chansons et les comptines, profitez-en pour lui enseigner de nouveaux mots. N'oubliez pas d'utiliser des images ou des pictogrammes pour représenter les mots les plus importants. En voici quelques exemples :

- La ferme à Maturin (vache, cochon, poule, chien, chat, etc.)
- Savez-vous planter des choux? (mains, pieds, coudes, doigts, genoux, etc.)
- Lundi matin (images représentant les jours de la semaine)
- Bonhomme, Bonhomme (tambour, flûte, guitare, clarinette, violon, etc.)
- Alouette gentille alouette
- Un éléphant
- J'ai un beau château
- Frère Jacques
- Au clair de la lune
- Fais dodo Colas
- Dodo l'enfant do
- J'ai perdu le do de ma clarinette
- Jean dit…(pour pratiquer les mots, les actions et même les émotions)
- A, B, C…
- Un, deux, trois, nous irons au bois
- Pomme d'api
- Tête, épaules, genoux, orteils

La parole à tour de rôle. Lorsque vous avez un enfant qui n'aime pas parler en raison du stress associé à la conversation, pratiquez la règle du tour de rôle. Par exemple, lors d'un repas à la maison, chacun des membres de la famille doit parler de sa journée ou de quelque chose d'important pour lui ou elle. Au lieu de demander à chaque fois « Qu'est-ce que tu as fait aujourd'hui? », essayez plutôt «Comment ça s'est passé aujourd'hui? » pour attacher autant d'importance aux émotions qu'aux actions de la journée.

Une bonne habitude à développer en famille est d'encourager la communication d'un « bon » puis d'un « mauvais » moment de la journée, lors du repas du soir. Ainsi, tous ceux qui sont présents peuvent se réjouir des bonnes nouvelles ou encore suggérer des solutions pour faire face aux situations difficiles : ex. Sarah a pris ma place dans le rang = Je lui demande poliment de me redonner ma place ou j'en parle à un adulte.

Le matin, à la garderie/crèche ou à l'école, chaque enfant peut avoir droit à ses quelques minutes pour parler, par exemple, d'une nouvelle personnelle, de son animal préféré ou d'un autre sujet d'intérêt. Une balle antistress de couleur fluo ou tout autre petit objet offert dans les magasins à bas prix peut alors circuler et arrêter entre les mains de celui qui a le droit de parole. Ne commencez jamais par l'enfant autiste. Il a grand besoin de mettre de l'ordre dans ses idées avant de pouvoir s'exprimer.

La communication à l'heure de la collation. À la garderie/crèche ou à l'école, l'heure de la collation est une occasion idéale pour encourager le développement de la communication. Cependant, les échanges dans un groupe peuvent constituer un supplice pour cet enfant qui n'en sent pas le besoin et ne désire communiquer que pour une raison logique : ex. il veut plus de jus, il échappe de la nourriture sur son pantalon, il veut aller à la toilette, etc.

La demande d'aide dans son milieu. C'est aussi une habileté importante à développer pour mieux se débrouiller dans la vie. Cachez des articles que l'enfant pourrait réclamer et faites-lui pratiquer les mots ou les courtes phrases pour se les procurer : ex. le jus d'orange dans le réfrigérateur, les crayons dans le tiroir, les blocs sur l'étagère, son livre préféré dans la bibliothèque.

L'introduction des règles de politesse. Pour bien fonctionner en société, l'enfant autiste a besoin qu'on lui enseigne progressivement les règles de politesse de base. Voici des « mots magiques » pouvant l'aider à créer de précieux liens d'amitié souvent déficitaires chez cet enfant : Bonjour, Salut, Au revoir; S'il vous plaît, Merci, De rien; Désolé ou Excuse-moi.

Le sourire, un cadeau. Le sourire ne vient pas facilement et naturellement pour l'enfant autiste. Si ce dernier est en âge de comprendre, expliquez-lui que le sourire est comme « un cadeau » que l'on offre à un proche avec qui on voudrait s'amuser. Sans pression, vous pouvez l'aider à développer cette belle habitude qui faciliterait ses relations sociales. Le sourire devrait vouloir dire pour lui : je t'aime bien, je suis content de te voir, je veux jouer avec toi ou je désire être ton ami.

S'il adore dessiner, demandez-lui de vous présenter les membres de sa famille ou des camarades qui jouent ensemble et qui affichent de beaux grands sourires.

La formulation et la réception de commentaires, félicitations ou compliments. Pour améliorer ses interactions sociales, l'enfant autiste a besoin d'apprendre à faire et à recevoir des commentaires ou des compliments des gens qu'il côtoie régulièrement. Discutez à l'avance des moments de la journée pour en faire et montrez-lui comment les recevoir de son entourage.

À l'aide d'un tableau de choix, l'enfant peut, le matin même, décider de faire un compliment à son éducatrice, à son enseignant, à un camarade ou à un membre de la famille. Pratiquez d'abord à la maison en faisant des jeux de rôles : complimentez quelqu'un pour son choix de vêtements, de coiffure, pour avoir gagné au jeu ou complété un casse-tête, puis montrez à cet enfant comment recevoir un commentaire ou un compliment : ex. J'aime ta belle casquette/ta jolie robe; tu dessines bien, tu cours vite; - Merci! C'est gentil.

Cependant, selon Marie Josée Cordeau, souvent l'enfant autiste ne ressent pas le besoin de félicitations et de compliments. « Il est plus heureux et satisfait quand une tâche est réussie et terminée à son goût ».

Attention aux expressions idiomatiques dans vos échanges avec l'enfant autiste! Comme celui-ci pense surtout en termes « concrets », ces drôles d'expressions rendent souvent le langage difficile à comprendre. Si vous en utilisez régulièrement, il faudra lui expliquer la signification de chacune de ces expressions pour faciliter les échanges et éviter les moqueries de l'entourage. Voici quelques exemples d'expressions idiomatiques bien connues :

- Avoir une mémoire d'éléphant (ne pas oublier)
- Avoir des fourmis dans les jambes (des picotements)
- Avoir la chair de poule (des frissons)
- Être blanc comme neige (être innocent)

- Passer une nuit blanche (ne pas dormir)
- Se serrer la ceinture (se priver)
- Être aux anges (être heureux)
- Faire un saut au magasin (passer vite au magasin)
- Tomber dans les pommes (s'évanouir)
- Il pleut des cordes (beaucoup)
- Ça coûte les yeux de la tête (très cher)
- S'en mordre les doigts (le regretter)
- Mettre sa main au feu (jurer)
- Se mettre le doigt dans l'œil (se tromper)

LIRE & ÉCRIRE

Dépendant du niveau d'autisme, ces habiletés peuvent varier d'un enfant à l'autre. Du milieu jusqu'en haut du spectre, ces habiletés peuvent être très développées et même dépasser la moyenne. Les enfants autistes qui sont capables de lire vont préférer les livres aux contacts sociaux. Quant à ceux pour qui ces habiletés ne viennent pas naturellement, il faudra développer l'élément essentiel à tout apprentissage, la motivation. Et cette motivation partira encore une fois du JEU.

La tablette électronique et ses nombreuses applications. Voici un outil d'intervention qui en train de devenir très populaire pour motiver l'enfant autiste à lire et à écrire, tout en s'amusant. La tablette peut aussi vous aider à monter des tableaux d'images pour certains apprentissages : ex. discipline, sécurité, politesse, etc.

De plus, cet outil électronique permet à l'enfant de revoir à plusieurs reprises, une partie d'histoire ou de film, une chanson, une comptine, un jeu, une vidéo d'animaux drôles, etc. Pas de souris à manipuler! Vraiment facile à utiliser pour cet enfant!

Enfin, il existe un grand nombre de ressources et d'applications gratuites, sur internet, ayant pour but de renforcer les intérêts et les passions de cet enfant. Pour en savoir davantage, inscrivez-vous dans des groupes dédiés à l'autisme (TSA) qui partagent leurs trouvailles soit dans un blogue, soit dans les médias sociaux.

Le plaisir par les arts. Vous avez remarqué que cet enfant possède un talent artistique très développé. Profitez-en pour lui faire écrire un mot (ou une phrase) en bas de ses propres dessins ou peintures. Après, expliquez-lui que tout artiste doit signer son œuvre. Montrez-lui des exemples à partir de livres ou revues d'art ou même lors d'une visite au musée.

Si l'enfant est passionné par les sciences, utilisez la même démarche pour valoriser ses découvertes et ses inventions. Il en retirera une grande satisfaction.

La fabrication d'un jeu de mémoire. Fabriquez votre propre jeu de mémoire à partir d'un thème et d'images choisis par l'enfant. Sur des petites cartes blanches, vous collez d'un côté l'image et de l'autre côté, l'enfant trace ou écrit le mot pour l'identifier. Ce jeu servira autant à développer l'écriture que la lecture si vous arrivez à cibler ce qui le passionne.

L'apprentissage de l'écriture. Habituez l'enfant autiste à **tracer, copier** puis à **écrire** un mot (ou une phrase) à partir d'une image, d'un livre ou d'une revue pour enfants. Lorsque vous aurez découvert ses forces, ses intérêts et ses passions, vous pourrez mieux cibler le matériel qui le motivera davantage à écrire.

Les cartes de souhaits de toutes sortes. Lors de l'anniversaire d'un membre de la famille, d'un ami ou d'un voisin; lors de la naissance d'un nouvel enfant ou pour toute autre occasion concernant cet enfant, suggérez-lui de faire sa propre carte de voeux.

Sortez de vos tiroirs les vieilles cartes que vous avez accumulées au cours des années. Ayez sous la main un grand carton blanc que vous pouvez découper, au besoin, pour en faire de jolies cartes. L'enfant pourra pratiquer son dessin avant de le faire directement sur la carte ou encore le coller sur celle-ci.

À l'intérieur de la carte, trouvez ensemble un message approprié que vous pouvez tracer légèrement pour en faciliter l'écriture par l'enfant. Enfin, rappelez-lui qu'il est toujours important de signer sa carte, en lui montrant vos exemples sous la main.

Les mots cachés ou croisés sur mesure. Lorsque l'enfant reconnaîtra certains mots de vocabulaire, profitez-en pour lui créer un cahier d'activités amusantes à partir de ses connaissances et de ses intérêts personnels : ex. les membres de sa famille et la parenté; les animaux domestiques, de la ferme ou du zoo; ses activités et jeux préférés; les catégories d'aliments.

Des livres imagés avec un mot ou une phrase. Afin de lui apprendre à lire, il serait bénéfique de vous amuser à regarder ensemble des livres d'images. Ainsi, il deviendra possible de développer davantage son vocabulaire, par exemple, en pointant du doigt l'image, en lisant le mot ou la phrase et en faisant répéter le tout à l'enfant.

Choisissez à la bibliothèque ou en librairie des livres dont les thèmes intéressent et passionnent tout particulièrement cet enfant : ex. animaux, insectes, dinosaures, espace, châteaux, fleurs, coquillages, poissons, etc.

La lecture du jour ou du soir. Faites-en une habitude quotidienne en laissant l'enfant choisir un des livres placés sur les étagères de la bibliothèque. Surtout, encouragez l'entourage à devenir des modèles en prenant régulièrement des pauses « lecture ».

Du film au livre. Si l'enfant a adoré un film et l'a même vu plusieurs fois, essayez de trouver un livre à son niveau basé sur ce film. L'enfant sera très motivé à examiner le contenu et à revoir les différentes parties de l'histoire. Profitez-en pour nommer les actions et les émotions ressenties par les personnages : ex. Shrek : « Il est triste. Serais-tu triste si cela t'arrivait? Comment réagirais-tu? », puis exprimez-lui votre perception qui peut être différente de la sienne.

Du livre préféré aux autres livres. Par exemple, lorsqu'un sujet comme les « coccinelles » devient passionnant pour l'enfant, partez avec lui à la recherche de livres de la même collection. (coccinelles = papillons, sauterelles, fourmis; lion = tigre, singe, éléphant, girafe). Vous risquez de découvrir d'autres intérêts et passions chez cet enfant en plein apprentissage du langage.

Du livre aux revues et magazines sur le même sujet. Votre enfant aime les animaux domestiques (ex. chats, chiens, lapins, hamsters). Pourquoi ne pas lui offrir comme cadeau d'anniversaire un abonnement à une revue qui alimenterait davantage son intérêt et enrichirait en même temps son vocabulaire?

Du livre en lien avec les intérêts particuliers. Partez toujours d'un thème passionnant pour l'enfant pour dévier vers d'autres intérêts semblables afin d'élargir ses champs de connaissances: ex. livre sur les **chiens** : dessin, peinture, pâte à modeler, casse-tête, marionnette, comptine, chanson, déguisement.

8-Les habiletés sociales : Une bonne collaboration entre la maison et la garderie/crèche ou l'école est essentielle au développement d'habiletés sociales qui facilitent l'entrée et le succès scolaire de l'enfant autiste.

Cependant, il ne faut pas oublier que les besoins sociaux de l'enfant autiste sont moindres. Il faut éviter de le forcer à ce qu'il ait des interactions autant que les autres enfants. Il faut respecter sa nature profonde et accepter sa différence, tout comme on le fait avec un enfant très timide.

Comme les habiletés sociales de ce jeune sont déficitaires, vous remarquerez chez lui des difficultés importantes à former et à maintenir des relations stables avec son entourage. Cet enfant pourra vivre du rejet, de l'isolement et même de la dépression après des interactions négatives avec un pair ou un groupe. Il sera souvent conscient de ses maladresses et sera porté à se retirer avant même d'être rejeté.

Par exemple, le jeune qui joue au soccer ou au football et qui trébuche constamment finira par abandonner cette activité de groupe. Celui qui n'arrive pas à communiquer ses difficultés ou qui fait attendre les autres lors de l'habillage au vestiaire se sentira « différent » des autres. Voilà pourquoi les interventions précoces et intensives sont si importantes pour le développement d'une bonne estime de soi pour cet enfant qui s'apprête à entrer à l'école. Sinon, on verra ce dernier mal équipé pour confronter les nombreux défis qui attendent l'adolescent puis l'adulte dans les domaines social, cognitif et émotionnel.

Les liens entre frères et sœurs. Pour les parents, il serait essentiel de travailler à entretenir des liens familiaux solides basés sur l'amour inconditionnel. Par exemple, les échanges (verbaux ou avec supports visuels) lors du repas du soir et les diverses activités en famille devraient pouvoir renforcer ces liens si précieux. Habituellement, la fratrie accepte assez facilement de participer aux activités familiales en présence d'un frère ou d'une sœur autiste. Ces « jeunes aidants » peuvent même devenir très protecteurs, dans la cour d'école ou ailleurs, de cet enfant hypersensible et vulnérable qu'ils connaissent mieux que quiconque.

Cependant, afin de pouvoir compter sur leur soutien et leur compassion, il faudra leur accorder du temps de qualité, sur une base régulière (jeux et sports préférés, cinéma, concert, magasinage, restaurant, etc.) en plus d'être à l'écoute de leurs émotions (joie, frustration, colère). Le frère et/ou la sœur ne devraient pas avoir à se sentir coupable de s'amuser avec ses amis ou obligé d'accepter beaucoup plus de responsabilités qu'un enfant du même âge. Ils ont aussi le droit de ressentir, tous les jours, l'amour inconditionnel de leurs parents malgré une situation familiale chaotique et hors de leur contrôle.

Les liens d'amitié. Même si les liens familiaux sont plus faciles à former et à entretenir, ils demeurent quand même le modèle de base pour la formation de liens d'amitié pour l'enfant autiste. Les étapes seront les mêmes : regarder la personne, la saluer, partager un jeu, attendre son tour, poser ou répondre aux questions puis échanger sur les actions et directives à suivre.

L'amitié se forme le plus souvent avec des jeunes qui ont les mêmes intérêts ou passions que soi (arts, musique, jeux vidéos, informatique ou voitures, blocs de construction, jeux de table, animaux, dinosaures, insectes, châteaux, pirates, etc.).

À titre d'accompagnateur, vous devez encourager toutes ces interactions positives qui vont façonner l'estime de soi de l'enfant autiste. Grâce au « jeu », il vous sera possible de guider ce jeune à développer des habiletés sociales, langagières et comportementales dont il a grandement besoin. Enfin, toutes ces habiletés apprises au cours de l'enfance lui permettront de mieux fonctionner plus tard dans un monde d'adolescents et puis d'adultes.

Le développement des interactions sociales. Afin de vous assister dans le développement d'habiletés sociales chez l'enfant autiste, voici une liste d'interventions que vous pouvez pratiquer avec celui-ci, avant et même pendant sa prise en charge par les divers spécialistes des milieux médical et scolaire.

Ces interventions de base, qui découlent de différents « programmes d'intervention pour le développement des habiletés sociales : ex. ABA et autres », reposent sur des activités qui peuvent être réalisées à la maison, à la garderie/crèche ou à l'école.

Grâce à ces interventions en ordre de difficulté croissante, l'enfant pourra faire de véritables progrès et connaître du succès dans les domaines où il est déficitaire. Pour mieux les pratiquer, nous vous offrons des suggestions (entre parenthèses) que vous pouvez adapter au niveau de l'enfant. Si les instructions sont difficiles à comprendre pour ce dernier, sortez vos images, vos photos, vos pictogrammes. N'oubliez pas que le « visuel » est très développé chez lui.

1- J'apprends à regarder dans les yeux les personnes de mon entourage.

2- Je salue lors de l'arrivée et du départ. (Allô, Salut, Bonjour, Au revoir).

3- Je réponds aux questions d'un adulte ou d'un pair. (nom, âge, famille, collation, jeux ou activités préférés)

4- J'attends mon tour comme tous les autres. (prendre la parole, collation ou repas, jeux de table, dans le rang, à l'abreuvoir, au gymnase, lors d'activités intérieures et extérieures)

5- Je suis les directives d'un adulte. (les règles de discipline et de sécurité)

6- J'imite les gestes d'un adulte ou d'un pair. (comptines, chansons, relaxation, yoga, Jean dit, marelle)

7- Je suis les instructions d'un adulte ou d'un autre jeune pour certains jeux ou activités. (ordinateur, construction, serpents & échelles, échecs, dominos, sauts à la corde, billes, décorations de fêtes, fabrication d'une marionnette ou d'un bonhomme de neige)

8- J'apprends à exprimer mon incompréhension devant certaines situations. (lever la main, dire : « Je ne sais pas », chuchoter à l'oreille de l'éducatrice ou de l'enseignante)

9- Je pose des questions aux adultes et aux autres enfants. (faim, soif, toilette, collation/ repas, échange de jouets, jeux de ballon, crayons de couleur)

10- J'exprime de courts commentaires à quelqu'un. (marche dans la nature, visite au parc animalier, jeux à l'ordinateur ou sur une tablette électronique, collation avec maman ou grand-papa, dessin ou peinture d'un camarade, casse-tête de ma soeur)

11- J'explique comment faire ou comment jouer à un nouvel ami. (bricolage, dessin, peinture; jeux d'échecs, de mémoire ou de cartes; jouer à la marelle ou aux quilles)

12- J'invite quelqu'un à partager un jeu ou une activité en faisant des compromis. (garage et voitures, un pont pour les voitures, maison de poupées, constructions de blocs; jouer dans le sable, habiller une poupée, soigner un ourson malade)

13- Je demande un de mes jeux préférés à un adulte ou à un jeune. (blocs, dominos, dames, échecs, serpents & échelles, mémoire, casse-tête)

14- Je joue à des jeux à deux, puis des jeux de groupe. (dominos, dames, ordinateur; magasin, ballon)

15- Je réponds et je fais un compliment à un adulte ou à un ami. (Merci! C'est gentil! - J'aime ta robe bleue, tes boucles d'oreilles rouges; ton sac à dos de Superman, ton étui de Dora, ta montre de Mickey Mouse)

16- Je sais quoi dire quand je perds ou quand je gagne au jeu. (Bravo ou Félicitations! Ce n'est pas grave, j'aime jouer avec toi)

17- Je reconnais mes émotions et je garde mon calme. (frustré ou en colère = pause ou retrait pour relaxer)

18- J'offre et je demande de l'aide à quelqu'un. (lors de la collation, de l'habillement, d'une chute ou d'un mauvais rhume)

19- J'échange sur une sortie à l'école, en famille ou avec mes grands-parents. (à la ferme, au parc, à la bibliothèque, à la plage, au zoo, au cinéma, en vélo, etc.)

20- Je transmets un message à un adulte ou à un camarade. (Léo est malade, Lily a perdu son crayon, William n'aime pas son casse-tête)

Tous ces petits exercices permettront à l'enfant autiste de faire des progrès importants en attendant patiemment les soins spécialisés offerts éventuellement dans votre milieu. De plus, en se sentant plus à l'aise avec les gens de son entourage, les petites et grandes victoires se multiplieront, sur une base régulière, et l'aideront à développer l'autonomie nécessaire pour réussir sa vie d'adulte.

9-Le rôle des divers accompagnateurs : Les parents, les éducateurs, les enseignants et les autres accompagnateurs doivent être bien informés et outillés. Ils doivent accepter de prendre le temps de partager avec l'entourage la « différence » que vit cet enfant. Cela peut se faire avec ou sans la présence de l'enfant autiste. Notez les enfants plus sensibles et plus enclins à aider quand un ami vit une difficulté quelconque. Ce sont de bons candidats remplis d'empathie!

Rappelez-vous que l'ignorance mène souvent à l'incompréhension. Le rôle de l'accompagnateur est tellement important pour l'enfant autiste qui communique difficilement ses besoins, ses émotions et ses malaises. Un petit coup de main, svp!

Surtout, n'oubliez pas de remercier et de féliciter, devant les autres, le jeune offrant son soutien à l'enfant autiste. Vos paroles auront un effet bénéfique sur l'estime de soi de ce « proche aidant » et motiveront les autres à agir de la même manière. Qui n'aime pas recevoir des félicitations et des compliments?

De plus, si nous travaillons ensemble à titre d'accompagnateurs, nous pouvons grandement faciliter la vie de l'enfant autiste (TSA), que ce soit à la maison, à la garderie/crèche, à l'école ou même plus tard, sur le marché du travail.

En résumé, avec des notions de base et des outils d'interventions, nous avons le pouvoir de devenir de véritables « accompagnateurs » pour cet enfant dans le besoin :

- en comprenant et en acceptant l'enfant autiste avec ses particularités uniques et sa façon de voir le monde;

- en lui offrant un « amour inconditionnel » qui ne dépend pas de sa popularité, de ses bonnes manières, de sa propreté ou de ses notes;

- en s'assurant que les autres comprennent ce « trouble neurologique », puis acceptent et soutiennent sa différence et ses limites aux niveaux : social, langagier et comportemental;

- en faisant preuve de beaucoup de « patience », ce qui lui permettra de se créer des bases solides dont il aura grandement besoin plus tard dans la vie;

- en participant à la découverte et au développement de ses forces, ses habiletés, ses talents et ses passions qui deviendront un atout important à l'âge adulte;

- en travaillant de près avec les professionnels de l'accompagnement éducatif et thérapeutique : psychoéducateur, travailleur social, pédiatre, pédopsychiatre, neuropédiatre, ergothérapeute, orthophoniste, physiothérapeute;

- en adaptant si nécessaire le cadre pédagogique de l'enfant en fonction de ses besoins et de ses progrès, nous permettrons à cet « être unique » de grandir et de devenir un adulte autonome fier de chacun de ses petits et grands succès;

- enfin, en exigeant des Gouvernements et des Directions de nos institutions des formations et des suivis sur le trouble du spectre autistique (TSA) pour tous les accompagnateurs : à la maison, dans les milieux de garde et scolaire, les centres de répit et même dans les milieux de travail.

V- **CONCLUSION**

Dans le secteur public, en raison des longues listes d'attente pour soins spécialisés qui s'adressent à l'enfant autiste, les parents se sentent souvent abandonnés et laissés à eux-mêmes. C'est pourquoi plusieurs vont vers le secteur privé, ce qui devient alors très coûteux et souvent difficile à vivre pour le reste de la famille.

Que vous soyez au secteur public ou privé, n'oubliez surtout pas de vous mettre en priorité comme « couple », puis comme famille. Ainsi, vous pourrez mieux vous occuper des différents besoins de cet enfant au cœur tendre et sensible, sans mettre de côté vos propres besoins et ceux des autres membres de la famille.

À l'heure actuelle, la majorité des parents n'ont pas le choix de devenir « proactifs » et de se transformer en « thérapeutes » en attendant bien patiemment les soins spécialisés pour leur enfant. Même s'ils n'ont pas les qualifications, c'est quand même eux qui connaissent le mieux leur enfant. Alors, les parents peuvent devenir d'excellents accompagnateurs en partageant leur bagage de connaissances et d'expériences avec les autres accompagnateurs des milieux de garde et scolaire.

Finalement, il faudrait réaliser que ces interventions précoces et intensives n'amèneront pas tous les enfants autistes (TSA) à progresser au même rythme. Chaque enfant est unique et mérite une approche adaptée à ses propres besoins. Alors, soyons très patients, puis encourageons et apprécions, jour après jour, les petites et grandes victoires de ce jeune sortant en douceur de sa bulle protectrice.

BIBLIOGRAPHIE

<u>Livres pour adultes</u> :

« *Laisse-moi t'expliquer ... l'autisme* » par Stéphanie Deslauriers, Midi Trente, 2012

« *Accompagner un enfant autiste* » par N. Poirier et C. Kozminski, Pul Diffusion, 2011

« *L'autisme, un jour à la fois* » par N. Poirier et C. Kozminski, Pul Diffusion, 2008

« *1001 Great Ideas for Teaching & Raising Children with Autism or Asperger's* » par Ellen Notbohm & Veronica Zysk, Future Horizon, 2010

« *The Autism Book* » par Dr Robert W. Sears, Little Brown, 2010
« *The BIG BOOK of Parenting Solutions* » par Dre Michele Borba, Jossey-Bass, 2009

« *Autism Life Skills* » par Chantal Sicile-Kira, Perigee, 2008
«*Healing the New Childhood Epidemics : autism, ADHD, asthma & allergies* » par K. Bock & C. Stauth, Ballantine Books, 2007

« *Teaching Programs to Increase Peer Interaction* » par B. Taylor and S. Jasper, Pro-Ed, 2001

<u>Livres pour enfants</u>:

« *LOLO: l'autisme* » par Brigitte Marleau, Boomerang, 2013

« *Since We're Friends: An autism Picture Book* » par Celeste Shally, Sky Pony, 2012

« *My Friend has Autism* » par A.D. Tourville, Picture Window, 2010

Liens web:

52 semaines avec une autiste Asperger (blogue de Marie Josée Cordeau)
http://52semaspie.blogspot.ca/

« **Une journée ordinaire dans la vie d'une autiste Asperger** » par Marie-Josée Cordeau, Le Huffington Post – février 2014 :
http://quebec.huffingtonpost.ca/marie-josee-cordeau

Centers for Disease Control and Prevention (USA) – TSA en mars 2014
http://www.cdc.gov/media/releases/2014/p0327-autism-spectrum-disorder.html

Marcus Autism Center (USA)
http://www.marcus.org

Société canadienne de l'autisme
http://www.autismsocietycanada.ca

Autisme Québec
http://www.autismequebec.org

Autisme France
www.autisme-france.fr/autisme-france

Autisme Suisse Romande
http://www.autisme.ch/portail/

Autres ressources :

Les pictogrammes
http://www.lespictogrammes.com/ressources-fr.php

Centre de Ressources Autisme

http://www.autisme-ressources-lr.fr/IMG/pdf/ressources-pictogrammes.pdf

PUBLICATIONS par Jocelyne Pouliot :
www.jesuiscapable.ca

1 - *Chroniques SOLUTIONS ENFANTS (Tome 1)* – Problèmes de comportement (avril 2012)
2 - *Chroniques SOLUTIONS ENFANTS (Tome 2)* – Les peurs de l'enfant (avril 2012)
3 - *Problèmes d'ATTENTION et de CONCENTRATION* - 25 solutions efficaces (mai 2012)
4 - *ATTENTION PROBLEMS* – 25 great solutions (May 2012)
5 - *La maladie d'Alzheimer de MAMIE ROSE* (juin 2012)
6 - *GRANDMA ROSE: A story about Alzheimer's* (June 2012)
7 - *Attention aux TAQUINERIES!* - prévenir l'intimidation pour enfants de 5 ans + (juillet 2012)
8 - *STOP Teasing and Bullying!* - preventing bullying for children 5 years + (July 2012)
9 - *LA TOLÉRANCE pour avoir plus d'amis* (août 2012)
10 - *TOLERANCE - How to have more friends* (August 2012)
11 - *L'ESTIME DE SOI, un cadeau très précieux* – 40 secrets d'enfants (octobre 2012)
12 - *SELF-ESTEEM, a priceless gift* – 40 kids' secrets (October 2012)
13 - *L'ENFANT TIMIDE : Vaincre la timidité en développant la confiance en soi* – 40 trucs efficaces (Novembre 2012)
14 - *THE SHY KID: Overcoming shyness and growing in self-confidence* – 40 great tips (November 2012)
15 - *Dessine-moi L'EMPATHIE* – 60 situations gagnantes (février 2013)
16 – *Teaching children EMPATHY* – 60 winning ways (February 2013)
17- *LA POLITESSE et l'enfant d'aujourd'hui* – 25 règles de base (mai 2013)

18- *LE BONHEUR ça s'apprend ENFANT* – 12 principes de vie (août 2013)
19- *PRÉVENIR L'INTIMIDATION dès la Petite Enfance* - (octobre 2013)
20- *Comprendre et Accompagner L'ENFANT AUTISTE* – 101 suggestions (mai 2014)
21- *Accompagner L'ENFANT EN DEUIL* – 30 suggestions (novembre 2014)

www.ingramcontent.com/pod-product-compliance
Lightning Source LLC
Chambersburg PA
CBHW072035060426
42449CB00010BA/2279